LA LOI DU 23 OCTOBRE 1884

SUR LES

VENTES JUDICIAIRES D'IMMEUBLES

ET

SES EFFETS

PAR

Gustave COSTE,

JUGE AU TRIBUNAL CIVIL DE CHAMBÉRY.

PARIS

LIBRAIRIE BLOUD ET BARRAL

4, rue Madame, et rue de Rennes, 59.

—

1890

LA LOI DU 23 OCTOBRE 1884

SUR LES

VENTES JUDICIAIRES D'IMMEUBLES

ET

SES EFFETS

PAR

Gustave COSTE,

JUGE AU TRIBUNAL CIVIL DE CHAMBÉRY.

PARIS

LIBRAIRIE BLOUD ET BARRAL

4, rue Madame, et rue de Rennes, 59.

1890

On se plaint, en général, que la justice coûte cher en France. Ce n'est pas sans raison. Ceux-là néanmoins peuvent encore mieux en juger, qui, par leurs fonctions, sont appelés à voir la chose de près.

C'est effrayant et attristant !

Que de fois la valeur du litige est absorbée avant que le jugement définitif soit rendu ! Que de plaideurs heureux qui en sont pour leurs frais !

A qui la faute ?

Nous pourrions dire : un peu à tout le monde.

Si, en effet, parmi les hommes d'affaires que l'on accuse d'ordinaire de tout le mal, quelques-uns ne se font aucun scrupule de forcer la note, il en est de très corrects et de très délicats, qui savent au besoin sacrifier leurs intérêts pour éviter des frais inutiles à leurs clients. Mais, à côté d'eux, il y a la loi, souvent trop formaliste en même temps que peu prudente, et le fisc toujours rigoureux et intraitable[1].

Cela est déplorable, de quelque cause qu'il s'agisse; cependant l'abus est de beaucoup plus révoltant lorsqu'il atteint les malheureux, ceux que la loi devrait surtout protéger; ceux que la misère opprime déjà ou que leur condition met dans l'absolue nécessité de recourir aux voies judiciaires, soi-disant dans leur intérêt : débiteurs saisis ou expropriés, mineurs et interdits en tutelle, etc.

Pour répondre au cri de la conscience publique indignée de ces excès qui se commettent au nom de la justice, plus ou moins sous le couvert de la légalité, le législateur a tenté, il y a quelques années, d'alléger les frais occasionnés par les ventes judiciaires d'immeubles, lorsque le prix d'adjudication ne dépasse pas un certain taux; et il

---

[1] En moyenne, dans tout procès poursuivi d'après les règles ordinaires, le tiers des frais représente à peu près exclusivement les droits perçus par le Trésor; le surplus seul est à partager entre les avoués et les huissiers, tant pour leurs honoraires que pour divers déboursés.

s’est efforcé d’établir une proportion relative entre les biens et les charges qui pèsent sur eux.

Mais, hélas ! les espérances que l’on avait fondées sur la loi du 23 octobre 1884 sont réduites à néant. Bien ou mal appliquée, cette loi n’a pas donné de résultats satisfaisants, d’après même le rapport du Garde des sceaux sur l’administration de la justice civile, que le *Journal officiel* a publié récemment.

Nous ne reproduirons pas les chiffres relevés dans ce document, quelle que soit leur éloquence ; cela ne nous paraît pas absolument nécessaire. Le fait, dans son ensemble, est plus important à retenir ; — et il faut le retenir, pour chercher à remédier au mal d’une façon ou d’autre.

Suivant les explications fournies à la Chambre par M. Thévenet, ministre d’alors, répondant à la question qu’un député lui avait adressée à ce sujet, la loi du 23 octobre 1884 n’a produit aucun effet, parce qu’elle n’a pas été appliquée ou n’a été exécutée qu’avec une extrême négligence.

Certes, nous ne tenons pas à contredire notre ancien Garde des sceaux, mais nous croyons, nous, que la loi telle qu’elle est conçue est défectueuse et ne saurait dès lors donner de bons fruits.

Sans l'analyser en tous ses détails et nous arrêter longuement à chacune de ses dispositions, voyons quelle est son économie d'une manière générale :

Elle a pour but de réduire les frais dans les ventes d'immeubles de peu de valeur, et, pour ce faire, une fois le prix définitivement fixé, dans des limites déterminées, elle prescrit la restitution des droits de timbre, d'enregistrement, de greffe et d'hypothèques, payés au Trésor ; et même fait subir, suivant le cas, aux agents de la loi une réduction sur leurs émoluments.

D'autre part, elle autorise les tribunaux, quand la mise à prix est inférieure à 2,000 fr., à n'ordonner, pour les affiches ou placards annonçant l'adjudication qui doivent être apposés aux lieux spécifiés par le Code, qu'une indication sommaire des immeubles à vendre, en déclarant que le prix des insertions sera de la moitié de celui reçu pour les autres ventes judiciaires. Elle va même jusqu'à permettre l'apposition de placards manuscrits, sans procès-verbal d'huissier.

Tout cela est bien en principe et dénote assurément des intentions généreuses ; mais, en cette matière surtout, il ne faut pas perdre de vue le côté pratique; or, c'est malheureusement là qu'est le point faible de la loi dont nous traitons.

Dans le projet d'abord voté par la Chambre et présenté au Sénat, l'article 1er contenait un paragraphe 3 ainsi conçu :

« *Les frais faits pour parvenir à l'adjudication seront stipulés payables en déduction du prix*, et payés, à l'expiration de la quinzaine de l'adjudication non suivie de surenchère, à l'avoué poursuivant, dont la quittance libérera d'autant l'adjudicataire. »

Après discussion sur l'insuffisance de ce délai de quinzaine pour le payement des frais, ainsi que sur diverses autres questions, l'article fut renvoyé tout entier à la commission sénatoriale pour que celle-ci en modifiât le texte, et, dans la nouvelle rédaction (rédaction adoptée par le Sénat à la séance du 28 mars), ce paragraphe 3 a été purement et simplement retranché comme inutile.

Inutile ! eh bien ! non ; cette disposition n'était pas inutile, et, si elle avait été maintenue, la loi, nous en sommes convaincu , aurait eu, quoique imparfaite, de meilleurs résultats.

A la Chambre, du reste, quand le projet modifié comme nous l'avons expliqué y eut fait retour, le rapporteur, M. Rameau, a exprimé lui-même le regret de voir cette suppression :

Le paragraphe 3, a-t-il dit, a été supprimé par le Sénat. Notre troisième paragraphe contenait deux dispositions distinctes : la première stipulait que les frais seraient *payables en déduction du prix;* la seconde indiquait dans *quel délai* ces frais seraient payés à l'avoué poursuivant. Nous nous empressons de dire que le Sénat a reporté cette seconde disposition au paragraphe 2 de l'articlé 4; ce n'est donc qu'un déplacement; mais nous regrettons vivement la suppression de la partie relative aux frais payables *en déduction du prix;* ce n'est là, il est vrai, qu'une question de forme, mais elle avait ce grand avantage de permettre au futur adjudicataire, pour le calcul du prix auquel il consent à devenir propriétaire, de ne pas plus s'occuper, dans les ventes judiciaires, des frais antérieurs à l'adjudication que dans les ventes amiables, puisque le montant de ces frais, quel qu'il fût, devait être prélevé sur le prix et non ajouté à ce prix. Cet usage de stipuler les frais payables en déduction du prix est rarement appliqué, et nous avions voulu le généraliser en l'introduisant dans la loi; il n'en sera ainsi que si les intéressés consentent à insérer cette disposition dans le cahier des charges dressé pour la vente.

Mais il est fâcheux que l'honorable rapporteur se soit borné à exprimer ce simple regret et n'ait pas insisté pour le rétablissement du paragraphe supprimé, parce que, à nos yeux, véritablement, pour le redire, c'est plus qu'une question de forme :

Quiconque se propose d'acheter un immeuble, s'inquiète, après en avoir apprécié la valeur, non seulement du prix demandé, mais encore des frais et charges accessoires, et notamment des frais d'acte, d'enregistrement, qui sont le complément de ce prix ; et, dans sa pensée, il arrête comme maximum de son offre le chiffre auquel le tout réuni doit s'élever sans dépasser la valeur qu'a pour lui l'objet à acquérir : Si les frais à payer en outre sont peu importants, il consentira à donner un prix plus fort que s'ils sont exagérés ; de même, si en payant une somme déterminée, tout doit être compris : valeur nominale de la chose et frais, il sera porté à accorder au vendeur, au sujet du prix réclamé, plus que si, en dehors de ce prix, il lui faut encore solder des frais d'ordinaire très onéreux.

En un mot, un acquéreur ou un adjudicataire, pour régler sa conduite, évalue ce qu'il achète eu égard aux frais et au prix, qui en réalité en sont l'équivalent total.

Lors donc que, après une vente ou une adjudication, les frais sont réduits, s'ils ont été stipulés payables en déduction du prix, c'est le vendeur qui en profite avec ses créanciers, et c'est justice ; si au contraire ils doivent être payés en sus, c'est l'acheteur qui a le bénéfice de la réduction, et ce n'est pas équitable, puisqu'il donnera moins que ce qu'il devrait donner et offrait de donner.

Tel est cependant ce dernier résultat que la loi consacre, malgré son désir de soulager les petites propriétés, résultat qu'elle aurait facilement évité, encore une fois, si ces mots : *les frais faits pour parvenir à l'adjudication seront stipulés payables en déduction du prix,* n'avaient pas été retranchés du texte comme inutiles.

Quelques chiffres d'ailleurs mettront mieux en évidence notre proposition :

Je vends, par exemple, un immeuble en justice pour le prix de 2,000 fr., tous frais compris ; les frais s'élevant à 400 fr., le bénéfice net sera pour moi de 1,600 fr. ; mais si les frais sont réduits de moitié, au lieu de 400 fr. je ne perdrai que 200 fr. et l'avantage que je retirerai de la vente sera de 1,800 fr.

Supposons maintenant les frais payables en dehors du prix ;

Celui qui se présente pour acheter, estime que l'immeuble ne vaut pas plus de 2,000 fr. ; les frais pouvant monter à 400 fr., il offre comme prix proprement dit 1,600 fr., et la vente est ainsi arrêtée. Que la réduction de moitié s'opère en ce qui concerne les frais, au lieu de 400 fr. il ne paiera que 200 fr., soit en tout 1,800 fr., alors qu'il avait consenti à débourser 2,000 fr., et moi vendeur je ne recevrai jamais que 1,600 fr.

Sans doute il est possible de corriger la chose par une clause volontaire suppléant aux dispositions de la loi ; mais, de ce que cela est possible, il ne s'ensuit pas que cela soit, et, ainsi que le dit très bien M. Rameau dont nous avons cité les paroles : « Cet usage de stipuler les frais payables en déduction du prix est rarement appliqué. »

Voilà donc un grave défaut qui paralysera toujours la bonne volonté de cette loi du 23 octobre 1884.

Passons à un autre point.

Aux termes de l'art. 5 :

« Le tribunal devant lequel se poursuit une vente d'immeubles, dont la mise à prix est inférieure à 2,000 fr., peut, par le jugement qui fixe le jour et les conditions de l'adjudication, ou par le jugement qui autorise la vente, ordonner : 1° que les placards et insertions ne contiendront qu'une désignation très sommaire des immeubles, le prix des insertions étant de la moitié de celui fixé pour les autres ventes judiciaires ; 2° que les placards seront même manuscrits et apposés sans procès-verbal d'huissier, dans les lieux indiqués par le tribunal, et ce, par dérogation à l'art. 609 du Code de procédure civile. »

Assurément les dépenses pour insertions, placards et apposition de placards grèvent lourdement les petites ventes ; mais les auteurs de la loi, dans les moyens qu'ils donnent d'alléger cette charge, n'ont pas pris garde à certains détails de fait et de droit, d'une réelle importance, qui sont un obstacle à leur dessein.

En ce qui touche notamment le prix des insertions, ils ont oublié qu'en principe il n'y a rien de fixe à cet égard, et que, par suite, leur disposition relative à la réduction de ces frais, à concurrence de moitié, ne saurait avoir aucune sanction.

Avant 1871, le mode et le coût des annonces judiciaires étaient réglés, dans chaque arrondissement ou département, par arrêté préfectoral, et les intéressés étaient tenus de se soumettre au tarif ainsi fixé. Mais actuellement il n'en est plus de même : Un décret du 28 décembre 1870 a proclamé la liberté en cette matière ; chacun peut choisir pour sa publicité le journal qui lui convient. Comme conséquence, les préfets, du moins en général, n'interviennent plus pour régler le taux des insertions légales, laissant à toute partie le soin de veiller à ses intérêts sous ce rapport et de discuter le prix de la dépense avec le journal lui-même. Nous avons dit en général, parce que, si nous ne nous trompons, à Paris et dans certains départements, l'administration est encore dans l'usage de désigner les journaux qui doivent recevoir les annonces judiciaires ; mais, nous le répétons, il n'en est pas de même partout, et ce droit, dont usent quelques préfets, a été, peut être contesté ; d'autant mieux que le décret organique sur la presse du 17 février 1852, qui le créait et le précisait dans son art. 23, a été formellement abrogé par la nouvelle loi du 29 juillet 1881, art. 68. Dans ces conditions, il est difficile, on le conçoit, de réaliser le vœu du législateur. Quelle sera la moitié d'un prix qui n'est pas rigoureusement déterminé, qui est essentiellement variable ?

Quant aux placards manuscrits apposés sans procès-verbal, une double et sérieuse observation est à faire :

L'économie de ce chef serait indiscutable et

importante, oui ; mais a-t-on réfléchi à l'imperfec-
tion et à l'insuffisance d'une affiche manuscrite ?
Les placards imprimés auront toujours un avantage sur ceux écrits à la main. Plus nets, plus ap-
parents, plus lisibles, ils font, sans nul doute,
mieux ressortir ce qu'ils énoncent ; en outre, ils
résistent beaucoup plus au temps.

En second lieu, supprimer le procès-verbal
d'apposition par l'huissier, cela est simple ; encore
faut-il le remplacer par une attestation ou un cer-
tificat quelconque pour justifier que la loi a été
obéie. A qui demander cette attestation ? Qui doit
apposer les placards ? Silence complet de l'article 5 sur ce point. Dès lors, grand embarras, nous
l'avons vu, quand il échet de faire l'application de
cet article.

Après ces quelques remarques, on comprendra
aisément que la loi de 1884 soit restée à peu près
sans effet, et demeure incapable de détruire un
abus que l'on a justement qualifié d'iniquité so-
ciale.

Pour être rigoureusement exact cependant, no-
tons ici, qu'en dehors des dispositions que nous
avons analysées et critiquées, cette même loi en
contient une qui a plus de valeur et de portée ;

c'est celle, nous le disons en deux mots, par laquelle
elle autorise les majeurs à s'unir à leurs co-inté-
ressés mineurs pour agir par voie de requête, au
lieu de procéder par assignation, en vue d'obtenir
l'autorisation de vendre des immeubles indivis,
d'un prix minime.

Maintenant, en présence d'un premier essai in-
fructueux, est-ce à dire qu'il n'y a rien à faire qu'à
s'endormir dans le *statu quo*, et laisser les choses
se perpétuer telles quelles au détriment des infor-
tunés justiciables?

Non, évidemment; car il ne nous paraît pas im-
possible de trouver d'autres moyens plus efficaces
que ceux adoptés et consacrés par le législateur.

Ne serait-il pas plus sage et plus simple, en effet,
de réduire tout d'abord, d'une manière générale,
les frais afférents à chaque acte de procédure
utile, et même de supprimer divers émoluments
alloués pour des formalités sans grande importance ou n'exigeant qu'un travail insignifiant,
sauf ensuite à élever au-delà d'un certain chiffre
et dans une juste mesure la remise proportionnelle accordée aux officiers ministériels, parce que
en somme chacun doit pouvoir vivre de son travail ?

De même pour les droits du Trésor.

De cette façon, ce nous semble, les dépens notablement diminués, et toujours exactement, pour les ventes de peu d'importance, se relèveraient encore sans trop d'excès avec l'accroissement du prix.

L'idée, que nous énonçons, d'augmenter la remise proportionnelle en réduisant ou supprimant les allocations attribuées pour chaque acte particulier, un juriconsulte dont le nom est connu, M. G. Dutruc, l'a déjà émise ; et nous sommes heureux de voir notre sentiment partagé par cet ancien magistrat, entre autres, d'une compétence toute spéciale en la matière. M. Dutruc, toutefois, bien que se préoccupant de l'abus à faire disparaître, s'est placé surtout au point de vue d'une répartition plus équitable de l'impôt; mais nous estimons que sa théorie mérite encore plus d'être prise en considération, si l'on envisage le côté vraiment pratique et le but en vain poursuivi jusqu'à présent par la loi qui fait l'objet de notre examen.

Avec ce système de rémunération par remise proportionnelle, on arrivera, du premier coup, au résultat cherché, et plus sûrement que si, les frais liquidés une première fois avant l'adjudication, au vœu même du Code de procédure (art. 701), on est obligé de revenir sur cette liquidation pour opérer les retranchements prescrits : Point de difficultés ni de contestations au sujet de ces retranchements ; point d'erreur ni d'oubli, point de travail supplémentaire pour la rédaction d'un nouvel état de frais. En un mot, grande simplification et prompte exécution [1].

C'est là, du reste, disons-le en passant, un principe dont nous voudrions voir généraliser l'application, ainsi que nous avons déjà eu l'occasion de l'exprimer. Personne n'aurait à s'en plaindre.

Oui, régler les honoraires dus aux avoués, en toute cause, à peu près comme *en matière sommaire,* pour employer le langage du palais, au moyen d'un droit unique, dont le tribunal fixerait le chiffre dans ses décisions, entre un maximum et un minimum déterminés, suivant l'importance de chaque affaire, ses difficultés propres, cela nous paraîtrait préférable, à tous égards, à ce qui

---

[1] L'article 701 C. P. enjoint, en effet, d'annoncer le montant des frais taxés avant l'ouverture des enchères, c'est-à-dire avant que l'on puisse savoir s'ils doivent être ou non réduits ; ce qui nécessite pour l'exécution de la loi de 1884, quand il y a lieu, un second état modifiant le premier (art. 3 p. 4er. 1. 23, oct. 1884.

se pratique actuellement. Aujourd'hui, les droits étant multiples, il faut recourir à des états détaillés, dressés article par article, pour quelques centimes parfois, dans le genre d'une note d'épicerie ; et ces états, passés en revue par un juge, donnent souvent lieu à des discussions pénibles, tant pour l'officier ministériel soumis à la taxe, que pour celui à qui incombe le devoir de taxer. En même temps que la dignité de l'avoué y gagnerait, l'expédition des affaires serait dégagée de bien des entraves inutiles ; sans compter qu'il serait plus juste et plus rationnel de confier le règlement de cette question de dépens au tribunal tout entier que de le laisser à la discrétion d'un seul magistrat. La sentence de ce chef aurait encore plus d'autorité, et l'on éviterait, ce qui se rencontre fréquemment dans un même tribunal, des décisions absolument divergentes, tel juge pouvant se montrer plus large en fait de taxe et tel autre plus sévère. Mais n'abusons pas de la parenthèse et revenons à notre sujet principal.

En ce qui concerne la fixation des honoraires dans les ventes judiciaires, il y a, en vérité, fort à redire à la méthode suivie depuis de trop longues années déjà. Nous ne prendrons pas ici le tarif

numéro par numéro pour en démontrer les ano-
malies, mais il est un point qu'il nous paraît bon
de mettre en relief :

Pour la dresse ou rédaction du cahier des charges,
qui doit contenir, avec l'indication des immeubles
à vendre, les clauses et conditions de la vente, il
est accordé par chaque *rôle* un droit variant de
1 fr. 50 à 1 fr. 80 et 2 fr. suivant la classe dans
laquelle se trouve rangé le tribunal où l'adjudication se poursuit ; et le *rôle*, qui comprend deux
page, le *recto* et le *verso*, ne doit contenir qu'un
nombre de lignes à la page et de syllabes à la
ligne. On conçoit que le rédacteur de ce cahier
des charges peut avoir quelque intérêt à le grossir
en y insérant des énonciations sans véritable uti-
lité, et que, dans tous les cas, pour éviter une
amende de la part du fisc, à cause d'un excédent
dans les lignes ou les syllabes, il préférera multi-
plier les rôles avec un moindre nombre de mots.
C'est donc, en quelque sorte, la porte ouverte à
un abus possible qu'il serait mieux de prévenir et
d'empêcher.

Il est vrai que le juge appelé à taxer les frais a
le droit et le devoir de réduire ce qui lui paraît
excessif ; mais ce n'est pas là chose toujours facile,
et parfois, de crainte d'être trop rigoureux ou trop

arbitraire, il laissera subsister, par-ci par-là, des passages un peu étendus qui auraient pu être plus condensés sans inconvénient, et qui, dans leur ensemble, ont pour conséquence d'enfler la carte à payer, étant donné que non seulement il y a accroissement d'honoraires, mais une plus large dépense de papier timbré.

Si l'on ne veut pas supprimer tous les droits partiels et les ramener à une seule remise proportionnelle, le plus convenable serait d'allouer un droit fixe et invariable pour la dresse du cahier des charges, qui devrait se borner à indiquer, outre l'énonciation sommaire des qualités des parties et des causes de la vente, la désignation des immeubles avec l'origine de la propriété, la mise ou les mises à prix des lots et les conditions particulières à l'adjudication, sans la reproduction des conditions ordinaires énumérées par le Code de procédure qu'il est d'usage de rappeler ? L'expérience nous permet d'affirmer que de ce coté déjà on réaliserait des économies très appréciables.

Une autre réforme qui s'impose et que nous avons fait pressentir, c'est la réglementation stricte des frais d'insertion dans les journaux et même d'impression des placards.

Au nom de la liberté, peut-être va-t-on protester ;
mais la liberté doit-elle l'emporter sur la justice ?
Et quand elle peut avoir pour effet d'engendrer de
graves abus, qui tournent surtout au préjudice des
malheureux, ne faut-il pas considérer comme un
devoir suprême de la retenir et de lui tracer une
limite ? Bien que la liberté de la boulangerie ait
été proclamée, le droit de taxer le pain est demeuré
réservé aux municipalités, dans l'intérêt public. Or,
l'intérêt public ne demande pas moins que l'autorité intervienne pour fixer la rémunération due en
raison d'actes auxquels on ne saurait se soustraire,
ou de services qu'il faut subir, et au sujet desquels,
par conséquent, on peut être exposé à des exigences
peu équitables.

A ce propos, dirons-nous ce que nous avons
ouï répéter fort souvent ? C'est que des officiers ministériels s'entendent avec les imprimeurs
pour leurs placards et insertions et ne les leur
confient que moyennant une remise plus ou moins
élevée ; d'où il suit que ces industriels, ne voulant
rien perdre de leur côté, et ne le pouvant guère,
sont naturellement portés à renchérir les factures.

Nous ne donnons pas le fait comme général, mais
il est constant que les tribunaux ont eu à statuer
sur des questions de ce genre, et que l'examen des

dossiers vous met quelquefois sous les yeux des notes qui paraissent dépasser la mesure, nullement en rapport avec le travail effectué, par comparaison avec d'autres œuvres de même nature.

Que faire en pareille situation ? Le magistrat taxateur peut-il, doit-il réduire d'office ? C'est laisser un vaste champ à l'arbitraire, favoriser le nombre des procès fort inutilement, provoquer des contestations sans fin ; c'est arrêter la justice dans sa marche déjà trop lente au gré des justiciables ; parce que l'on ne peut refuser aux intéressés de combattre les appréciations du juge qu'ils prétendent erronées, à tort ou à raison, et que, du reste, le juge appelé à taxer ne saurait lui-même prendre une décision sans se livrer d'abord à une information et à une étude plus ou moins minutieuse pour s'assurer de ce qui est légitimement dû.

De même que des administrations publiques ont recours à la voie de l'adjudication pour le service de leurs principales fournitures, ne pourrait-on employer ce procédé pour l'impression et l'insertion des annonces judiciaires, en précisant les conditions auxquelles il y aurait à satisfaire, et en donnant à tous les compétiteurs les plus grandes garanties d'une impartialité absolue ? Cela, sous la direction et le contrôle des Cours et Tribunaux, et sans l'intervention de l'autorité préfectorale, qui, n'ayant aucun intérêt à la chose, n'a rien à y voir, conformément au principe en vigueur avant 1852.

Il serait permis ainsi d'obtenir toute l'économie possible et désirable, de prévenir les abus, et de réprimer ceux qui seraient encore tentés de se produire en dépit de la plus vigilante prévoyance.

Une publication unique pour les annonces judiciaires, dans une région donnée, arrondissement ou département, suivant l'importance, aurait peut-être aussi cet autre avantage d'assurer plus utilement la publicité : Toute personne, pour se renseigner, saurait où s'adresser, à quelle source aller puiser ses informations ; tandis qu'aujourd'hui les lecteurs seuls d'une même feuille, peuvent connaître ce que publie cette feuille, plus ou moins répandue.

Nos observations présentées, pour conclure : nous croyons suffisamment démontré que la loi du 23 octobre 1884 a fait fausse route, et qu'il faut revenir sur ses dispositions.

Une réforme basée sur les principes que nous

avons brièvement exposés conduirait, selon nous
encore, au but souhaité, et, en protégeant les
droits et les intérêts d'un grand nombre, servirait
à relever l'honneur même de la Justice. Si toutefois
on trouvait une voie meilleure, nous nous en
réjouirions.